# PEOPLE ON THE RUN

# PEOPLE ON THE RUN

Tiziano Rossi
*Translated from the Italian*
*by Paul Vangelisti*

WINNER OF THE PREMIO VIAREGGIO

GREEN INTEGER
KØBENHAVN & LOS ANGELES
2002

GREEN INTEGER
Edited by Per Bregne
København/Los Angeles

Distributed in the United States by Consortium Book
Sales and Distribution, 1045 Westgate Drive, Suite 90
Saint Paul, Minnesota 55114-1065

(323) 857-1115 / http://www.greeninteger.com

First edition 2002
English Translation ©2002 by Paul Vangelisti
Original Italian publication *Gente di corsa* ©2000 by Garzanti Libri
Published originally as *Gente di corsa* (Milan: Garzanti Editore, 2000).
Winner of the Premio Viareggio.
This book was made possible, in part, through grants
from the Italian Ministry of Foreign Affairs, the Instituto Italiano
di Cultura (The Italian Cultural Institute) of Los Angeles, and
the Ministero per i Beni e la Attività Editoriali.

Design: Per Bregne
Typography: Kim Silva
Photograph: Photograph of Tiziano Rossi

LIBRARY OF CONGRESS CATALOGING IN PUBLICATION DATA
Rossi, Tiziano
People on the Run
ISBN: 1-931243-37-9
p. cm — Green Integer 55
I. Title II. Series III. Translator

Green Integer books are published for Douglas Messerli
Printed in the United States of America on acid-free paper.

«Abbiamo osservato le stagioni prodigarsi e svanire,
e ci siam chiesti, Perchè mai un uomo o una donna non
portrebbero, al pari delle stagioni, prodigarsi cosi?»

*Walt Whitman*

"We have watch'd the seasons dispersing
themselves and passing on,
And have said, Why should not a man or a woman
do as much as the seasons, and effuse as much?"

*Walt Whitman*

# PEOPLE ON THE RUN

I

*(bambino G.)*
Ha solamente voce di pappa
il non bastevole a sé,
ma un po' pasticciandosi dice
le cose che nessuno...

*(bambina P.)*
Splanaca gli occhi, aspetta cosí zitta
le cose venienti la prima volta
su dal grandissimo lago di latte,
e i nomi come gocce, in pioggia fitta.

*(little boy G.)*
He has only a pablum voice
hardly sufficient himself,
but messing up a little says
things that no one else...




*(little girl P.)*
Eyes open wide, waiting so tame
for things the first time coming
up out of that hugest lake of milk,
the names like drops, in hard rain.

*(bambino M.N.)*
Dove il vitello sbavava sprovveduto
lui, sopra il letame di stalla fervendo
al corpo tiepido del tutto, non sapeva
la guerra e il suo dirigersi tremendo.

*(bambina I.A.)*
Dai quatro venti cardinali qui deposta
la nipotina in balbettìo ormai chiama
qua;lche parente da diverse case intorno
a sé il presepio provvisorio che la ama.

*(little boy M.N.)*
Where the calf slavered unprepared
he, on the stall's dung heap burning
in the lukewarm body of it all, heeded
not the war or its own terrible turning.

*(little girl I.A.)*
From the four winds here set down
the little babbling grandchild now calls
to some kin in different houses: all
around the temporary manger that loves her.

*(bambino R.R.)*
Col cane arruffato in combutta, che
a lui si confonde in quell' uno felice:
cosmo incantanto e straniero
da non capirisi piú chi é condottiero.

*(bambino F.)*
Che sfera dolce la festa di Natale
con dentro i suoi regali e un mappamondo!
Storia che ritorna e che non salva, ma
tutto sta insieme piú lucente e tondo.

*(little boy R.R.)*
With his scraggly dog in cahoots, that
gets him mixed up with someone happy:
enchanted and foreign cosmos
in no longer knowing who's boss.

*(little boy F.)*
What a sweet sphere Christmastime
with its gifts inside and map of the world!
History that comes back and doesn't save, but
all hangs together rounder and more sublime.

*(bambino I.N.)*
Giú nel giardino macerato tripudiando
di terra s'impregna il piccolo, o d'erba:
flora alla flora, e tuttavia
cosa conta il contorno, se si lèvita.


*(bambino G.O.)*
Come Toro Seduto, sbaraglia uno squadrone
vesitito di blu, ma lá scantona un gatto:
mica si ferma la vicenda, e allora
cambierà il prefissato copione?

*(little boy I.N.)*
Down in the wasted garden the exulting
child with earth fills up, or with grass:
flora to flora, and nevertheless
what do surroundings count, if you're rising.

*(little boy G.O.)*
Like Sitting Bull, he routs a squadron
dressed in blue, but there a cats slips away:
events don't stop the least bit, and so
will the set script ever be undone?

*(bambino N.Q.)*
Tra le figure del bieco colluttare
sta in minoranza, per piccolezza,
e al di sopra di lui periclitante
sorge chi lo squadra, comandante.

*(bambino L.L.)*
Da più cresimazioni ed alte offese
ora si svincola via, se non sará
—soldatino di cenere—
prima finito per superiori esigenze.

*(little boy N.Q.)*
Among the figures in the grim fighting
he's a minority, because of size,
and there right above him in danger
looms up staring at him, his commander.

*(little boy L.L.)*
From more confirmations and higher crimes
now he gets clean away, if he won't be
—little soldier of ashes—
first finished off by a greater necessity.

*(bambina Q.)*
Con la matita trabìccola traccia
sul foglio una linea, la strada,
poi la prolunga, ancora e ancora,
ancora più lunga: chiede dove vada.

*(bambino B.)*
Rincorre il pallone, l'intero creato,
impara come dirigere il piede,
quello strapotere delle inerzie,
i rimbalzi di un mondo che succede.

*(little girl Q.)*
With rickety pencil she traces
on the sheet a line, the row,
then stretches it out, again and again,
again even longer: asks where it goes.

*(boy B.)*
He chases the ball, all of creation,
learns how to direct the feet,
that overpowering inertia,
rebounds of a world that's complete.

*(bambina U.F.)*
A testa bassa incontro al poi e l'avanti
va con gambette metropolitane
dove c'è il fumo del Duemila. E forse
solo ricorderà questa azzurrina bilia.

*(bambino O.B.)*
Rovista lo zainetto, interene masserizie,
detriti di tram, foglietti in sofferenza
ed un fiammifero: tesoro scarso
centrifugo come il suo cuore; e di già arso.

*(little girl U.F.)*
Head down towards the future and forward
she goes on little metropolitan legs where
there's the smoke of the 21st Century. Maybe
she'll just remember this pale blue marble.

*(little boy O.B.)*
Rummages in his backpack, inner furniture,
streetcar junk, late scraps of paper
and a match: scarce treasure
centrifugal as his heart; already parched.

*(bambina L.I.)*
A mezzanotte, alla stellata ora,
ancora sveglia vuole arrivare:
ce la farà, sul guado del sonno,
lei nella sera come una bandiera?

*(bambina P.G.)*
Il loro gioco che si travàlica
e a nascondino le scene della caccia:
lei calcola insidie, scaltrita bestiola,
annusa ombre e afferrerà una gola.

*(little girl L.I.)*
To midnight, to the starry hour,
still awake she wants to get there:
will she make it, at the ford of sleep,
she in the night like a bright banner?

*(little girl P.G.)*
Their game that crosses over
and into hide-and-seek the hunting note:
she sets traps, shrewd little beast,
sniffs shadows and will snatch a throat.

*(bambina Z.U.)*
«Non io stata, non stata», si difende
e stende avanti le dieci dita:
stancante aurora, primi artifici
per  dirottare i fratelli, un po' nemici.

*(bambino E.Z.)*
Da qui si visiona il suo lutto, cioè
la moscacieca, tremendo cercamento:
la benda—se consideri—è di tutti
ma lui, più perduto, domanda più aiuto.

*(little girl Z.U.)*
"It wasn't me, it wasn't," she defends herself
and extends in front of her ten fingers:
tiresome dawn, the first niceties
for diverting her brothers, somewhat enemies.

*(little boy E.Z.)*
From here we screen his bereavement, that is
blind-man's-bluff, tremendous searching:
the blindfold—considering—is everybody's
but he, more lost, needs more encouragement.

*(bambino D.R.)*
Nell'adeguarsi ai più grandi—la matita
come sigaretta—legge un libro
ma lo tiene a rovescio: ha gracile inizio
la corsa al futuro e all'abito fittizio.

*(bambino U.B.)*
Ripete ostinato la stessa parola,
come è noioso! Però se ascolti bene
dentro l'immobile dire
fa lievi variazoni: una sua scuola.

*(little boy D.R.)*
Fitting in with the older kids—the pencil
like a cigarette—he reads a book
holding it upside down; racing the future
and fake habits have a feeble look.

*(little boy U.B.)*
Stubbornly the same word he'll drone,
how boring! Though if you listen close
within that immovable speech
he makes slight variation: school all his own.

*(bambino C.)*
Nei grandi misteri dello zoo contempla
—sommessa sacrità—
non l'elefante, enorme animale,
ma il piccione rovesciato sopra il viale.

*(bambino R.U.)*
Come palombaro di lurido giardino
con scricchiolamento se ne fluttua
lontano lontano, fagotto invulnerabile,
ma giocare è molto difficilissimo.

*(little boy C.)*
Contemplates among the great mysteries of the zoo
—humble sacredness—
not the elephant, enormous animal,
but the pigeon upside down on the avenue.

*(little boy R.U.)*
Like a diver in a lurid garden
squeaking he rises and falls
far far away, invulnerable bundle,
but playing is very much difficult.

*(bambino X.)*
In questa piazza è stato accantonato
da padre e madre, dentro in una garza:
rotolo sporco che poco strilla
forse è cattivo, ma tiene poca forza.

*(bambino A.)*
Sul dolore innocente non si interroga
da sempre abitatore di corsia,
e delle svolte di natura niente sa:
corpo deformato e sua solennità.

*(little boy X.)*
In this piazza he was put aside
by father and mother, inside gauze:
dirty roll that doesn't screech much
maybe is bad, but has little paws.

*(little boy A.)*
He doesn't wonder about innocent pain
forever a dweller in the ward,
and knows nothing of nature's anomaly:
deformed body and his solemnity.

*(bambina E.)*
Riapre il diario, la penna tra le dita
ma il giorno è disceso in qualche fiala
e lei niente scrive, se non:
«Oggi dappertutta mi sono divertita».

*(bambina V.V.)*
«Agosto conta trentuno giorni.
Domani é bello, si va a Bellaria
dove giocheremo con la sabbia
e dove c'è proprio una bella aria».

*(little girl E.)*
She reopens the diary, pen on her finger
but the day has fallen into some vial
and she writes nothing, if not:
"Today I enjoyed myself all over."

*(little girl V.V.)*
"August has thirty-one days.
Tomorrow is beautiful, we go to Bellaria
where we will play with the sand
and where there is really good air."

II

*(Elvira E.)*
Bambina che graffiava, poi le stizze
(niente si crea né va perduto
ma solamente si intruglia)
per sottosuoli sbucate a carezze.




*(Maura N.)*
Lei nei sentimenti eccetera tradita:
l'iniziarsi alla vita? No, daccapo
come sempiterno apprendistato
sta a sé ogni pianto in povero costato.

*(Elvira E.)*
Child who scratched, then the rages
(nothing is created or lost
but only gets messed up)
in basements roused by caresses.

*(Maura N.)*
She in her feelings etc. betrayed:
setting out in life? No, from the start
as an everlasting apprenticeship
every tear stays in her poor heart.

*(Sofia V.)*
Tutta nel domani lei si ciòndola:
se infine da involucro riuscisse
farfalla vulnerata a disbrogliarsi
dalla famiglia e le sue turpi risse!

*(Amos C.)*
«Mio padre in sogno la mano mi mordeva
ma con deboli denti, bocca inetta
a troppo grave fatica,
e allora nel fallire un po' piangeva».

*(Sofia V.)*
All inside tomorrow she's dangling:
if at last from the cocoon she'd emerge
wounded butterfly disentangling
from family and their mean quarreling.




*(Amos C.)*
"My dad in a dream was biting my hand
but with weak teeth, mouth useless
with too great an effort,
and so in failing was crying a tad."

*(Christian G.)*
Lo zaino in spalla, andare emai restare
Oslo, Calcutta, Micene, Firenze
e paesi in afflitta ritirata:
poco ricorda, ma impara differenze.

*(Giada D.)*
Nella lettura adesso si include
quasi in cassetto od oceano di sé:
per questa sera prevalga il non c'è,
ignoti siti, tasselli di oltre.

*(Christian G.)*
Knapsack on his back, going and never staying,
Oslo, Calcutta, Mycenae, Florence
and countries in tormented retreat:
remembers little, but learns the difference.

*(Giada D.)*
In the reading she now includes
almost in a drawer or ocean of self:
for tonight prevails the not there itself,
silent strangers, wedges from beyond.

*(Mara L.)*
Se ponderi da fuori i suoi innamoramenti
nell'età che ciascun corpo esaspera,
già il sesso invincibile le detta
regole sotterranee, ombre del riprodursi.

*(Ottavio V.)*
Quando con il corpo ha da brigare per
l'impetuosità del procreare, animalando
(come il calore prescrive) va
disperso un po' mesto il suo superfluo.

*(Mara L.)*
If you externally consider her falling in love
at the age that any body exasperates,
already invincible sex dictates
subterranean rules, shades of reproducing.

*(Ottavio V.)*
When with the body he must look for
the brashness of procreating, getting beastly
(as the heat prescribes) his
surplus is consumed a little sadly.

*(Vanessa O.)*
Gli abiti sotto la viaggiante luce
in bellezza e stranezza volteggiano, e lei
momentanea qualcosa prefigura
d'ogni stagione palpebra socchiusa.


*(Liana C.)*
In scena donerà faccende vere
attrice di domani al pubblico che aspetta;
e per guarire il loro stare male
sarà ammazzata come vittima capretta.

*(Vanessa O.)*
The dresses under the roving light
dance about in beauty and strangeness, and she
momentarily prefigures something
for every season eyelids half-closing.

*(Liana C.)*
On the stage she'll present real affairs
tomorrow's actress for a waiting vote;
and to heal their feeling badly
she will be slaughtered like a scapegoat.

*(Gemma P.)*
Si cala nel giornale, le orme di un lavoro,
e tutte le offerte si drizzano in turba
sbattendo alla brezza: lei s'è cinta
di carta e resta, smanioso castoro.

*(Benvenuto A.)*
In servizio civile recluta di pietà
dove gorgogliano nuovi inondamenti:
alla melma che vince—originario stato—
un poco obbedirà, coscritto affondato.

*(Gemma P.)*
She sinks into the newspaper, traces of a job,
and all those offers stand up like hurdles
flapping in the breeze: she is girdled
in paper and stays, frenzied beaver.

*(Benvenuto A.)*
In civil service conscripted by pity
where new inundations gurgle:
the mire that wins—original suit—
he'll obey a little, sunken recruit.

*(Viola T.)*
Va per incerte righe il difettato
suo computer strabiliando, e lei
—come l'altissimo caso prevede—
ecco che ammara su emblema mai stato.

*(Saverio L.)*
Naviga e clicca in mondiale ottovolante
quella sua mente che infisce
con le emozioni in sottile polverìo:
che cosa bella smetterla con l'io.

*(Viola T.)*
Her astonishing defective computer
runs along uncertain lines, and she
—as highest case provided herein—
lands there on a mark never been.

*(Saverio L.)*
Navigates and clicks in a worldwide ride
that mind of his that finishes by
leaving his emotions in a fine dust:
what a swell thing to be done with the I.

*(Marzio P.)*
Sternutendo il nuovo secolo galoppa:
ancora insegne, stemmi in sfolgorìo
per qualche destino venerabile,
e lui che accelera, su ignota groppa.

*(Leone Z.)*
Con i gonfaloni in temeraria prominenza
dove si sgómita per un impero
anche ci sarà il suo dominare: dentro e sopra
la bolgia che tambura, stadio nero.

*(Marzio P.)*
Snorting the new century in full gallop:
emblems again, dazzling escutcheons
for some venerable destiny,
he spurs ahead, atop an unknown rump.


*(Leone Z.)*
With banners in boldest prominence
where he shoves ahead for an imperium
there will even be his dominance: in and above
the drumming hell, black stadium.

*(Guglielmina O.)*
Dalle parole come nube è sollevata
sul febbricitare di un amore:
o alto cinguettìo, sua salvazione!
E quella storia che è stata è stata!

*(Katia F.)*
Quel rodimento suo, tutto celato,
metterà capo, metterà capo.
Le è finito l'amore e più non vale:
lacrima ferma come minerale.

*(Guglielmina O.)*
From words like clouds she rises
on the feverishness of a love:
o loud twittering, her salvation!
And that affair that was just was!

*(Katia F.)*
That worrying of hers, all covered,
will take over, will take over.
Her love's done and counts no longer:
tears flat as natural mineral water.

*(Gisella C.)*
Scuote i capelli di qua e di là
per noi peccatori adesso e nell'ora:
lei, puledrina, che dice «caro!»
ma mai in nessuno riposerà.

*(Rocco U.)*
In braccio ritorcendo retroflette
e il collo più docile avvita,
nell'aria distanziata il proprio
corpo a sè recuprerando: alé.

*(Gisella C.)*
She shakes her hair this way and that
for us sinners now and at the hour:
she, little filly, who says "honey!"
will never with anybody stand pat.

*(Rocco U.)*
He retro-flexes the twisting arm
and the more pliable neck tightens,
in the air left behind rescuing
the actual body itself: go.

*(Samantha A.)*
Lontano da cemento e granoturco
la discoteca mulina potente.
E ad alto ritmo, bevendo luci,
col corpo guizza su dall'epoca carente.

*(Anselmo P.)*
«Va la sgommata musicale, okkio!
Il suono brucia, si fa più duro,
altro che lustrini di canzone:
qui già si morde il tempo venturo!»

*(Samantha A.)*
A long way from cement and corn
the discotheque whirls powerfully.
And in a loud rhythm, drinking lights,
squirms her body out of a faulty century.

*(Anselmo P.)*
"Here's musical burnt rubber, look out!
Sound's getting hot, even harder,
we've got your tinsel, a-okay:
here we're eating up the avant-garder!"

*(Bernardo E.)*
Di quelle età—antichissima operetta
di burattini bisnonni—
poco si capisce e rotto è il filo.
Stranito studente ascolta e aspetta.


*(Ciro A.)*
Ha così scarse parole nella mente,
male incasella il diverso accadere:
discendenza retrògrada o
lì si rinvergia l'uomo sapiente?

*(Bernardo E.)*
Of those times— old operettas with a gang
of grand-fatherly puppets—
little we understand and the string's broken.
Bewildered student listens and hangs.

*(Ciro A.)*
He has so very few words in his mind,
badly pigeonholes various things that happen:
retrograde posterity or
there reinvigorates intelligent mankind?

*(Adelaide T.)*
Nella signora famiglia ciondolando
strabicamente guarda la propria giovinezza,
gli irresolubili pro e contro,
questa valigia e il consegnarsi al largo.

*(Rosa I.)*
Non rimarrà—rispetto ai tempi—indietro
e se venisse un fumigare di martìri
lei saprà sperperarsi in opere gloriose
o disincantarsi, oppure forse anche…

*(Adelaide T.)*
Dangling in her lordly family
she looks squinting at her actual youth,
the indissoluble pros and cons,
this suitcase and deciding to move on.

*(Rosa I.)*
Won't be left— in respect to the times— behind
and if a fumigation of martyrs might come
she'll know to scatter herself in glorious deeds
or free herself from the spell, or maybe even...

*(Alessia M.)*
Nell'uovo del millennio troverà
lavoro tuorlino, stipendio modesto,
e dimensionando la statura
in qualche truppa camminerà.

*(Zeno S.)*
Musocco, Maciachini, la Stazione,
pony trapela nel buio di Milano,
il suo monòpoli perduto: dove
comincia il viale Liberazione?

*(Alessia M.)*
In the millennium's egg she'll find
a cushy job, modest salary,
and measuring its stature
with some crowd she'll bind.

*(Zeno S.)*
Musocco, Maciachini, the Station,
pony gets around in the dark of Milano,
his monopoly lost: where does
the street begin called Liberation?

*(Tuilio Q.)*
«Annusa intorno! tutto è dolciastro:
bisogna azzardare, ferire, ferirsi
in qualche eccelso inarcamento,
e non ci curi nessun empiastro».

*(Claudio P)*
Duole l'adolescenza. E lui farebbe
quelle cose che vanno al sovrumano
—a una terra magari immacolata—
e dunque motoretta contromano.

*(Tullio Q.)*
"Sniff around! everything is bittersweet:
you have to risk, wound, get wounded
in some supreme bending
there's no cure here for us to treat."

*(Claudio P.)*
Laments adolescence. And he would do
those things that reach the superhuman
—in a maybe even immaculate land—
and so motor scooter with no hands.

*(Gloria 0.)*
Cara accozzaglia di vacanza, notte
in un giorno mutata o non si sa;
e sagoma imprecisa del millennio
lei ruota per un'altra libertà.

*(Lucrezia G.)*
All'unisono il raggiante ondeggiamento,
di lei e di loro, nel fiato generale.
Resta insieme ai magnifici tremila
in cadenza disposti: liturgìa.

*(Gloria O.)*
Dear vacation jumble, night
transformed in a day or who knows;
vague profile of the millennium
she turns to another freedom.

*(Lucrezia G.)*
In unison her and their radiant
swaying, breathing in general.
Still with the magnificent three thousand
hanging on the beat: liturgical.

*(Susanna I.)*
Né domani né ieri, ma soltanto
il lei di adesso come una girandola
lì sulla musica fortissima, in discrimine,
dove è il vero suo esistere e cos'altro.

*(Corinna R.)*
Intatte stanno le eventualità,
la vita astrusa è appena fuori l'uscio;
ma la sua gonna di già svolazza,
ancora un passo e lei s'intricherà.

*(Susanna I.)*
Neither tomorrow nor yesterday, only
she here and now like a pinwheel
there on the loudest music, in choosing,
where her life's real and something else.

*(Corinna R)*
The eventualities stay intact,
the obscure life is barely out the door;
but already her gown is flapping,
one more step and she'll be trapped.

*(Lodovico E.)*
S'incaponisce irritato ma ad un tratto
—nella fosca anticamera di casa—
come cometa discreta risplende
una lontana domanda, e ancora pende!

*(Taddeo A.)*
Insieme alla sua noia (o così dicono)
dentro il crepuscolo si protenderà
fra smorti casamenti, prima che lo abbattano:
in quale scena la sua scena finirà?

*(Ludovico E.)*
He digs in his heels irritated but suddenly
—in the gloomy front hall of the house—
like a goodly comet glitters
a distant question, and still wavers!

*(Taddeo A.)*
Together with his boredom (or so they say)
within the twilight he leans out
among dim housing blocks, before they demolish it:
what scene will his final scene be about?

*(Fulvia A.)*
Così indesiderata, diminuirsi,
al mondo defalcando un po' di anima;
e forse allora—remunerazione—
minuscolina sara voluta bene.

*(Ivana V)*
Il suo sottrarsi in maniera leggera
ai sette dolori e di più,
aleggiando come santa inmagine:
potevano agguantarla là sulla voragine?

*(Fulvia A.)*
So unwanted, reducing,
deducting a little spirit from the world;
and maybe then—reward—
very tiny she'll be well-liked.

*(Ivana V.)*
Her escaping in a slight way
seven sorrows and more,
bringing relief like a saintly edifice:
could they have held her there at the abyss?

*(Eusebio Z.)*
Graffìta un muro: le bolle di tribù
a tumulto cresciute
che lì s'accavallano, le tracce
dell'intrattabile sogno, gioventù.


*(Giordano L.)*
Su granito inviolato i suoi propositi
—non di buona educazione o roba affine—
scrive in caotica lingua veritiera.
E, non sapendo colpa, ecco dimentica.

*(Eusebio Z.)*
He graffittis a wall: the seals of the tribe
grown up in turmoil
there get jumbled, the jibes
of the impossible dream, youth.


*(Giordano L.)*
On inviolate granite he writes
—not well-educated or the like—
his wishes in chaotic truthful phrases.
And, not knowing blame, so forgets.

*(Costantina G.)*
Piange a quel film, fatto a strappacuore,
dove tradita è l'estetica, assente la misura
e malriposta perciò la commozione.
Ma è la sua storia, la sua storpia direzione.

*(Giusto A.)*
Benigne larve e no che in sogno esigono:
suo padre coi baffi, il malfermo lavoro,
la mente dell'amica poco amante.
Ma nell'insieme è il suo stato interessante.

*(Costantina G.)*
She cries during that movie, a real tear-jerker,
where beauty is betrayed, beyond control
and so with poorly concealed emotion.
But it's her story, her crippled direction.

*(Giusto A.)*
Larvae benign and not in a demanding dream:
his father with the moustache, the shaky job,
his girlfriend's mind not very loving.
Altogether a condition that's quite interesting.

*(Sibilla A.)*
E dàgli e dàgli, ventenne pendolare
in fulminante videoclip s'inventa:
il suo pullman che rema tra le nubi
e plana su Milano, ferree fondamenta.

*(Walter D.)*
«Ma cosa cazzo da me sperate
in questa merda di vostra città.
Non me ne frega niente, ripetete
solamente fottute puttanate».

*(Sibilla A.)*
Come on come on, commuter invents herself
at twenty in a dazzling video clip:
her tour bus rowing among the clouds
and gliding over Milan, steel grip.

*(Walter D.)*
"What the fuck expect from me
in this shitty town of yours.
I don't give a damn, you're only
repeating the same old bullshit."

*(Leandro M.)*
Defilato pellegrino: il suo partire
per più singolari purgatori, poi
all'io tornare e ripartire in cerchi
brevi, più brevi, di droga sparire.

*(Erica T.)*
Sopra il divano nuvolando, è triste.
Però qualcuno infine il proprio cuore
—in prodigioso contraccambio—
a lei donasse, la fiaba che persiste.

*(Leandro M.)*
Diffident pilgrim: leaving for more
singular purgatories, then coming back
to the self and leaving again in brief,
ever briefer circles, disappearing in a score.

*(Erica T.)*
Cloudy above the sofa, she is sad.
Yet someone would even give her
—in prodigious exchange—
his very heart, that persistent fad.

III

*(Signora Carbaro)*
Fin dove arriva la documentazione
su lei che stende tovaglia e tre barattoli
come virgola buffa? Sarà sereno l'anno,
più delicato il suo reticolato?

*(Signor Tessarini)*
Seminascosto contadino, alla muraglia
dei pomodori brancolando, ancora
per fini cure preistorico si china:
perché il tempo più tempi in sé combina.

*(Mrs. Carbaro)*
How far does the documentation go
on her who hangs out tablecloth and three tins
like a goofy comma? Will it be a quiet year,
more fit to inspire its barbed wire?

*(Mr. Tessarini)*
Semi-hidden peasant, groping
at the barricade of tomatoes, still
bowing in refined prehistoric setup:
because in itself time more time's made up.

*(Signor Talli)*
«Pare che sì, però non mi sembra,
può darsi—dico—ma comunque sia
se mai davvero un poco si potesse...
poi viene il séguito, che tutto smembra».

*(Signor Cesi)*
Plasma solamente eccentrici pensieri
e fabbrica arnesi disadatti, come
elusiva quisquilia del presente secolo.
Ma questo tutto ingloba, il dritto e il verso.

*(Mr. Talli)*
"Appears that yes, though doesn't seem to me,
perhaps, I say, but in any case it would be
if maybe actually a little we might...
then come the consequences, chopping all at the knee."

*(Mr. Cesi)*
He forms only eccentric thoughts
and builds awkward tools, like
the current century's illusive bric-a-brac.
But this includes all, the front and the back.

*(Dott. Calustri)*
Da quell'ufficio, sua torre mirabile,
lui cala il bene o tutto l'incontrario,
così che s'attui lo spegnere o il fondare:
rotolano anime, altre si drizzano.

*(Signor Badini)*
Da mutui e prestiti e cambiali vorticato
con mille carte fronteggia i tempi,
evolve tra invisibili interessi,
va su commercio funambolico. È cascato.

*(Dr. Calustri)*
From that office, his wonderful tower,
he lowers the good or the total contrary,
so to carry out extinguishing or establishing:
souls roll over, others rise up.

*(Mr. Badini)*
In a whirl of mortgages and drafts and loans
with a thousand forms he faces the times,
evolves among invisible interests,
rides over acrobatic business. He's thrown.

*(Signora Campeni)*
Crede agli influssi, negli zodìaci,
per universe strategie si sforza
di rintuzzare gli abomini:
paladina coi suoi pàlpiti cardìaci.

*(Signora Ronchi)*
Bada al giardino, raddrizza un fiore,
che virtualità così si compia.
E col suolo combacia, giù nel flusso
dei tempi vegetali, lento amore.

*(Mrs. Campeni)*
She believes in influences, in the stars,
through universal strategies forces herself
to hold back the abominations:
a little pallid with her heart palpitations.

*(Mrs. Ronchi)*
She cares for the garden, lifts up a flower,
which virtually like this comes true.
She meets the earth, down in the flux
of vegetable time, slow lover.

*(Signor Vanzi)*
Le conoscenze incrementa e come cuoco
sagge misture combina di gente
dosando i cuori, gli umori diversi:
di lì riaffiora un suo infantile gioco.

*(Signor Midalli)*
«Ma cosa sanno del mio temperamento?
Io so nuotare in qualunque fato,
tutto si muta, ma posso farmi polvere,
o fuoco, o tromba d'un cominciamento».

*(Mr. Vanzi)*
He adds acquaintances and like a chef
tastes combinations blends people
measuring the hearts, the different moods:
from here blooms that childhood stuff.


*(Mrs. Midalli)*
"What do they know of my temperament?
I know how to swim in whatever fate,
all things change, but I can make myself dust
or fire, or trumpet of a new settlement."

*(Dott. Lomeri)*
I documenti implacati in slittamento
convergono verso fascicolame,
chiedono e rigurgitano secondo—sempre—
una fisica propria; e neanche lui potrà.

*(Signora Ricciotti)*
Nelle incombenze severe del pulire
lei casalinga s'erge ardimentosa:
contro il luridume e sue imboscate
svenante zuffa, senza un finire.

*(Dr. Lomeri)*
The documents implacable in slipping
converge towards a bundle,
they need and overflow according to—always—
their own physics; not even he'll be able.

*(Mrs. Ricciotti)*
To the severe tasks of cleaning
she housewife rises up boldly:
against the filthiness and her bloody
ambushes she scuffles, never ending.

*(Carlo U.)*
Su smilza bici folletto vero,
le sue folate sotto mitragliamento:
come appartenente a qualche vento
uova portava, borsaro nero.

*(Dott. Ambrogi)*
Alle troppe scarsezze, ai velamenti,
alle giravolte d'altre teste
da sé scompagnate e dirottanti
domanda scusa: da povero aiutante.

*(Carlo U.)*
On skinny bicycle a true sprite,
spurts under machine gun fire:
as if belonging to some night wind
he carried eggs, black marketeer.

*(Dr. Ambrogi)*
For the too many shortages, the fakery,
for the unmatched and uncontrollable
turning of other heads from him
he asks pardon: of a shaky helper.

*(Signora Velotari)*
Quale medicamento al suo inerme lamento?
Altre, altre persone digradano ai deliri,
s'appuntano più avanti le attenzioni
e non c'è pena che per sempre attiri.

*(Signora Mottesi)*
Frequenta la propria apprensione e i fantasmi
che chiedono udienza ed altra saliva:
trepida dunque vorrebbe—una volta—
pulsare insieme a più spessa comitiva.

*(Mrs. Velotari)*
What medication for her huge lament?
Other, other persons give in to delirium,
they aim their attention further ahead
and there's no pain for the always optimum.

*(Mrs. Mottesi)*
She frequents her very anxiety and the phantasms
who demand audience and other spit:
trembling so she would like—for a bit—
to throb together with a bigger party.

*(Egidio D.)*
Rimuove i rifiuti, pratica la notte,
periferie, gli strapazzi del mondo:
uomo nascosto, ricuperante,
il suo lavoro dov'è lo sprofondo.

*(Dott. Biancbi)*
Per terre inenarrabili partito,
verso le guerre fatte di ossami,
medico ingobbito, dottore che
di tutti ha cura e tralascia onore.

*(Egidio D.)*
He removes rubbish, haunts the night,
outskirts, the world's rebukes,
hidden man, recovering,
his work is in the deepest puke.

*(Dr. Bianchi)*
Gone off to indescribable lands,
towards the wars made of skeletons,
hunched-over physician, doctor who
cares for everyone and forgoes honor.

*(Signora Zollati)*
La sua maternità per altre strade:
deserta donna spendendosi adotta
quei respinti, corporali infermità,
e soltanto nel bene s'è corrotta.

*(Signor Lantocchi)*
Dell'acquisire tanti volti: ora ci porge
la nobile mestizia, come persona
che tutto ha vissuto, quasi generale
valoroso e disfatto, aria teatrale.

*(Mrs. Zollati)*
Her maternity along other roads:
deserted woman wasting away adopts
those rejected, bodily infirmities,
and in her only the good corrupts.




*(Mr. Lantocchi)*
From acquiring many faces: now the noble
melancholy arises, like someone
who's lived through it all, almost the flare
of a brave, worn-out general, theatrical air.

*(Tarcisio D.)*
Beh, lavora là per l'altoforno,
alte temperature e ruolo sottoposto:
in antichissimi avvicendamenti
popolo dell'acciaio, un po' discosto.

*(Signor Diplossi)*
Il suo sciocchino teledire che si ficca
nelle nicchie del tempo declamando
la cartapesta, la caducità.
Ma gli uomini convoglia un po' più in là.

*(Tarcisio D.)*
Well, he works there at the blast furnace,
high temperatures and subordinate note:
in quite ancient alternations
people of steel, a little remote.

*(Mr. Diplossi)*
His silly tv talk that squeezes
into the niches of time declaiming
the cardboard, the unaware.
As he leads mankind a little more there.

*(Signor Rafelli)*
Gomiti e mento in corretta posizione,
sa il meno e il più, di sé quasi architetto.
Lui filo a piombo sta fra il troppo e il poco,
sua geometria nel soppesare affetto.

*(Signor Barconcini)*
Crede a chiunque, si fa raggirare
fino alla rossa punta del naso,
e la sua voce rimasta fuori tono
pare di un mondo inesistente e buono.

*(Mr. Rafelli)*
Elbows and chin in correct position,
he knows more and less, of himself almost architect.
He plumb line hangs between too much and too little,
his geometry in calculating affection.

*(Mr. Barconcini)*
He believes in anybody, gets cheated
all the way to the red tip of his nose,
and his voice remains out of tune
seeming from a world nonexistent and immune.

*(Signora Lonari)*
Eccola miniata nel suo nuovo compleanno,
in punta di bellezza lei perseverante,
in cura del corpo, ancora in apparire:
la guardano ancora e la soppeseranno.

*(Giovanni L.)*
Da solo sottovoce scongiurando
trasporta in fretta, giù per il viale,
bianco di bucato il suo alone di celibato:
a chi, a che cosa riservato?

*(Mrs. Lonari)*
There illuminated by her newest birthday,
on the point of beauty she's perseverant
in the care of her body, still as it were:
they are still watching and weighing her.

*(Giovanni L.)*
Alone quietly mumbling maledictions
he carries quickly, down the street,
white laundry things his halo of celibacy:
to whom, and to what this guarantee?

*(Prof. Cosso)*
Forse conforme al disagio civile,
la verità che fa più male e pena
a lui sembra più  vera
della verità rasserena.

*(Ettore Z.)*
S'intrude sempre per strade tòrte
del dover essere, a ricercare
—per una penitenza mai saputa—
qualche più cònsono suo dolore.

*(Prof. Cosso)*
Maybe similar to civil unease,
the truth that feels the worst and hurts
seems to him more true
than the truth that might please.

*(Ettore Z.)*
He always intrudes in crooked ways
of having to be, by seeking out
—for a penance never known—
some more fitting sorrow of his.

*(Pittore Bonfanti)*
Con mano di carne, lieve sul foglio
disegna le diafane, faccende
di quella sua figlia perduta:
è un tratto camuffato, un suo cordoglio.

*(Signor Cesaretti)*
Esatto corniciaio col silenzio
in punta di piedi, monacale,
le righe dritte ed i legnetti: sì
a combaciate bene lì.

*(Bonfanti the Painter)*
With a hand of flesh, easy on the sheaf
he draws the diaphanous business
of that lost daughter of his:
it's a disguised outline, his grief.

*(Mr. Cesaretti)*
Painstaking frame maker with silence
on tiptoe, monastical,
straight lines and bits of wood: so
now altogether it's a go.

*(Signor U.M.)*
Con movimento austero, senza errore,
sistema questo foglio, quella biro
e in direzione d'una screpolatura
inesorabile esercita rigore.

*(Signor Similli)*
Lui capobranco che cementa, batte
le debolezze e le disobbedienze:
non nutre dubbi, manipola famiglia
ma non si sa se eviterà guerriglia.

*(Mr. U.M.)*
With austere moves, without error,
he straightens this paper, that pen
and towards an unrelenting
crack he practices rigor.

*(Mr. Similli)*
He head of the pack who cements, battles
the debilitating and the divisive:
doesn't nurture doubts, controls family
but who knows if he'll avoid subversives.

*(Signor Mengellini)*
Quali tragitti fanno le sue ire!
Stralunato carnefice rivolge
—nel segno di altissima elezione—
contro sé, contro sé l'imbarbarire.


*(Signor Conti)*
Aveva malattia ma adesso è senza
e basta così poco, anche il levare:
come gli ride la schiuma da barba,
caro solletico di convalescenza!

*(Mr. Mengellini)*
What roads do his rages take!
Wild torturer he turns on himself
—the sign of highest will—
on himself the barbarous ache.

*(Mr. Conti)*
He had a sickness but now it's quelled
and that little's enough, even the removal:
how the shaving cream laughs with him,
fond tickling of getting well.

*(Orlando F.)*
Cronista celere, guàrdalo sul posto
—nella sciagura spappolato un cuore
e i profani caduti sulla strada—
ma da tempo s'è ovattato il suo stupore.

*(Nicoletta P.)*
Al pronto soccorso, dove assillante
bussa più forte il re delle tenebre,
infermiera sapendolo si adopera.
E manca resoconto pertinente.

*(Orlando F.)*
Swift reporter, look at him at work
—in the disaster a heart shredded
and the laymen fallen on the road—
for some time his confusion's been padded.

*(Nicoletta P.)*
In the emergency room, where pestering
the king of darkness knocks louder,
a knowing nurse does all she can.
Though she lacks a relevant accounting.

*(Vincenzo B.)*
Di violazione presunta:
racconta ridendo storie sporche,
muscoli in libertà, la polpa potenziale
che poco—in fondo—può fare male.

*(Signor Terrizzi)*
Scarto sottile dalla perfezione:
quasi in un eliso è pervenuto...
ma, per altro ascendere, lui misurerà
il mancamento, deluso itinerario.

*(Vicenzo B.)*
An alleged violation:
laughing he tells a dirty yarn,
muscles loose, the potential meat
that can—down deep—do little harm.


*(Mr. Terrizzi)*
Subtle discard from perfection:
he's arrived almost in Elysium...
But, for other climbing, he will measure
what's missing, route of delusion.

*(Signor Gardessi)*
Con elettronici apparati interagendo
adempie evento, struttura, relazione,
complessità, processo, contingenza,
quasi corpo sociale in autoreferenza.

*(Prof. Sarmilli)*
Le biotecnologie, confini estremi
e lui che tasta altre natività:
tutto è nel cielo dell' eseguibile
e sempre al fare si adegua verità.

*(Mr. Gardessi)*
With electronic devices interacting
he realizes event, structure, relation,
complexity, process, eventuality,
quasi social body in self-referentiality.

*(Prof. Sarmilli)*
Biotechnology, the extreme limits
and he that tries other nativities:
all is in the heavens of the feasible
and always in doing the truth fits.

*(Bonifacio M.)*
Così diritto nel sì o nel no
pratica soltanto intero sentimento
come se fosse di legno e di cuoio,
della sostanza di un equipaggiamento.

*(Signor Bettone)*
Per suo mestiere conosce impalcature,
strati di materie e di fabbricamenti,
durevolezza di sabbie e di calcine,
precarietà di stabiliture.

*(Bonaficio M.)*
So forthright in his yes or no
he practices only a whole sentiment
as if it were of wood or of leather,
having the makeup of some equipment.

*(Mr. Bettone)*
For his trade he knows scaffolding,
levels of materials and construction,
durability of sand and mortar,
precarious in stabilization.

*(Eleonora P.)*
La s'indovina di sbieco sulla destra
che mormora discosta da ogni vista:
facile al pianto, squisita persona,
sensibile troppo per essere buona.


*(Signora Cattini)*
Pronuncia la sua, ma già ne sorride:
signora indenne un passo più in là.
Sono le leggi del meno soffrire
e il suo fondamento nel buio sta.

*(Eleonora P.)*
You guess she's askance to the right
muttering removed from any sight:
easy to cry, exquisite person,
too sensitive to be a good woman.

*(Mrs. Cattini)*
She has her say, but is already laughing:
undamaged lady a step closer to there.
These are the laws of suffering less
and its foundation lays elsewhere.

*(Signor Damietti)*
Nel lavorèrio del restauro mobili
pance di cassettoni, le gambette di
sedie emaciate, feriti manufatti;
e lui li guida come mandria mite.

*(Signor Mellesi)*
Sale—antennista—e giù nel vuoto sputa,
in ressa di messaggi si equilibra
verso universo da noi diverso,
grida al collega, frase perduta.

*(Mr. Damietti)*
In the workings of restoring furniture
chests of drawers' bellies, flimsy legs of
skinny chairs, manufactured casualties;
and he leads them like a lowly flock.

*(Mr. Mellesi)*
Up he goes—antenna installer—and spits below,
in a crowd of messages he balances
towards a universe different from us,
he yells to his partner, lost phrases.

*(Signor Dossani)*
E padrone della sua maledizione
ma in ogni caso con eleganza;
e su lama di poker le sue carte
corrono il rischio, come chi è precìpite.

*(Signora Latelli)*
Sempre desidera chi le si sottrae
oppure vibra la mano per colpirla:
mica rose o colombi, ma l'avverso
spossante, che di più le farà male.

*(Mr. Dossani)*
He is master of his own curse
but with elegance in every case;
and on the blade of poker his cards
run the risk, as the steepest course.




*(Mrs. Latelli)*
She always desires those who escape her
or rather raise their hands to strike:
neither roses nor doves, but the tiring
opposite, which moreover's damaging.

*(Enrico E.)*
Meccanico d'auto, inaccessibile faccia,
accenna alla vettura e ci congeda:
ministro di specifici misteri,
che del suo lavoro lì si taccia.




*(Signor Degani)*
Era operaio calzaturiere
ed ha concluso sua servitù:
questo è il cucinino, quella la tivù,
c'è una bottiglia d'acqua col bicchiere.

*(Enrico H.)*
Auto mechanic, inaccessible face,
he nods to the car and dismisses us:
minister of specific mysteries,
who of his job never speaks amiss.

*(Mr. Degani)*
He worked for a shoe manufacturer
and is done with his servility:
this the little kitchen, that's the TV,
there is a glass with a bottle of water.

*(Rosa R.)*
Ruotato un viso congruo, acconcia
subacquee parole o eteree, e frulla
tra la bella gente che più importa:
che il gruppo si rinsaldi e la sua scorta

*(Signora Torri)*
Munisce la casa, sua ornata fortezza,
ma quelli accederanno con gli inganni
per interstizi e fenditure:
soffici piedi in forma di anni.

*(Rosa R.)*
Rotating an adequate face, she prepares
underwater or ethereal words, and flutters
among the beautiful people who matter most:
so that the group consolidates as her host.

*(Mrs. Torri)*
She fortifies the house, her ornate fortress,
but they with trickery will draw near
through cracks and crevices:
soft feet in the form of years.

*(Signora Campana)*
Portiera in guardiola, scruta sotto lente
il casamento, quei cento inquilini:
il loro ritmato sostentarsi,
in fondo i suoi strani animalini.


*(Innocenzo R.)*
Da sagrestano, ricòlloca le sedie,
spolvera insegne bisognose
e sovrintende alle candele, grigio re:
suo perpetuo servizio a chi non c'è.

*(Mrs. Campana)*
Porter in her lodge, she stares through a lens
at the apartments, those hundred renters:
their rhythmical survivals,
at bottom her strange little animals.

*(Innocenzo R.)*
As sacristan, he rearranges chairs,
he dusts needy insignias
and supervises the candles, gray king:
his perpetual service for who's not there.

*(Signor Mavilli)*
L'àlito caldo della sua cartoleria
e lui in immane confusione voltolante
semisommerso tra rubrìche e buste
da quasi cuna sorride, come infante.

*(Dottoressa Pianali)*
La sua farmacia, gli astucci colorati,
toppe di qualche salvezza. E al banco,
i vivi si fanno ansimando più appresso
da forze grandi travolti o sfiorati.

*(Mr. Mavilli)*
The hot breath of his stationery store
and he in immense confusion wallowing
half-submerged among headlines and envelopes
from his sometimes cradle like a baby smiling.

*(Dr. Pianali)*
Her pharmacy, the colored cases,
keys to some safety. At the counter
the living gasping draw nearer
great overwhelming or glancing forces.

*(Signor Depoldi)*
Altre notizie èlicano, s'arroccano
come maniero o da pugili cozzano; ed allora
preso per il gorgozzùle si svelle o tenta,
ma infine ventrìloqua come telegiornale.


*(Signor Alfonsetti)*
Carattere inquadrato in istituzionale
sistema, di altro si fa catafratto:
trascende il suo debole contorno
e in quanto gruppo persiste, nonostante.

*(Mr. Depoldi)*
Other news spirals out, takes cover
like a manor house or slams like a boxer; then
grabbed by the gullet he reveals or tries,
but in the end throws his voice like the tv news.

*(Mr. Alfonsetti)*
Character framed in an institutional
system, besides he grows armor:
he transcends his weak surroundings
and as far as the group goes on, nonetheless.

*(Signor Fillorini)*
Di mille minuzie s'è fatto mongolfiera.
il suo parlare infaticabile, che monta;
e all'aria vera affidandosi veleggia
oltre la casa, e non sémina impronta.

*(Dott. Bustei)*
In trame s'inoltra a brigare
per alleanze, favori. E rispunta
—sua traguardante intelligenza—
di là dal gioco, fino ad infilzare.

*(Mr. Fillorini)*
Out of a thousand tidbits his tireless talking
has become a hot air balloon that rises;
and trusting himself to real air he sails
beyond the house, and leaves no traces.

*(Dr. Busteri)*
In plots he gets ahead scheming
through alliances, favors. And resurfaces
—his intelligence taking aim—
there past the game, far as piercing.

*(Nader A.)*
Detto immigrato: sopra questo ovest
(strano catrame, bagnato impiantito)
fumando sigaretta guardingo si trapianta,
ignoto Enea, che mica lo si canta.

*(Carmela R)*
Adesso che si muove forestiera
tasta certi muschi, le pietre rasenta
di quel paese che non è suo
ma potrebbe, potrebbe: altra placenta.

*(Nader A.)*
Called an immigrant: on top of this west
(strange tar, wet flooring)
warily smoking a cigarette he settles in,
unknown Aeneas, with nobody to sing him.

*(Carmela P.)*
Now that she moves a foreigner
she touches certain mosses, grazes
the rocks of that country which isn't her
but could be, could be: other placenta.

*(Signor Bomassi)*
Di acqua nutrito e di pezzi di pane
nella stanza diventata conventuale
ad alte cose pensava, incluso il nulla:
sua sprovveduta impresa razionale.

*(Signor Cazzaniga)*
Vispo roditore, impiega competenze:
la tana a puntino accomodare
e la lampada incrinata e il lavandino.
E circa l'essere non investigare.

*(Mr. Bomassi)*
Nourished by water and chunks of bread
in a room become conventual
he thought of higher things, nothingness included:
his unready taking up of the rational.

*(Mr. Cazzaniga)*
Sprightly rodent, he employs his capacities:
the hole perfectly accommodating
and the cracked lamp and the washbasin.
About being never much investigating.

*(Signor Tessaroni)*
Capitàno di edicola, aziona il proprio
armamentario delle mille verità
e di tutti i colori stracarica la nostra
stiva mentale: tracìma il bestiario.

*(Signora Ziccari)*
Nella sua boutique, la lattea via
delle eleganze, con caduche amiche
ancora un istante spumeggia
in transito sempre, e noi a più lento passo.

*(Mr. Tessaroni)*
Captain of the newsstand, he works the very
equipment of the thousand truths
and with every shape and size overloads our
mental cargo hold: the bestiary overflows.

*(Mrs. Ziccari)*
In her boutique, the milky way
of elegance, with occasional friends
still she sparkles for an instant
always on the run, and we at a slower pace.

*(Signor Ghezzini)*
Molle padrone di casa, seduto
monarca che tutti ci manda,
in tono dolce come di panna
dice che il termine ormai è scaduto.

*(Signora Banchelli)*
Ospita amici, s'intravede un orto
dentro il molesto esalare:
Milano riposta, dove lei governa
un marginale, gentile porto.

*(Mr. Ghezzini)*
Tender landlord, sitting
monarch who squires us all,
in a tone sweet as cream saying
the time limit is now expired.




*(Mrs. Banchelli)*
She entertains friends, envisions a court
within the annoying stink:
hidden Milan, where she can govern
a marginal, gentle port.

*(Signor Baldari)*
In camera oscura le foto ingigantisce,
lui, titolare di qualche vita:
evidenzia le magagne di ogni volto.
O in una nebbia le annichilisce.

*(Attilio R.)*
Guida le ambulanze, quei lamenti,
i rantolanti congedi, però adesso
—verso mondana compensazione—
un neonato con i cinque sentimenti.

*(Mr. Baldari)*
In the darkroom he blows up the photos,
he, the owner of some life:
he inflates the flaws in every face.
Or in a fog annihilates them.

*(Attilio R.)*
He drives ambulances, those laments,
the wheezing farewells, though now
—toward earthly recompense—
a newborn with all his senses.

*(Edoardo A.)*
Ammira soprattutto da lontano:
i tratti più incerti e i primordi
delle persone, i possibili,
prima che sperpero metropolitano…

*(Signora Toberri)*
Tutto racconta e su di noi riversa
affetti discordanti, lei da principessa
di questo humus, smuovendo le nostre
immerse montagne o segregazioni.

*(Edoardo A.)*
He admires mostly from far away:
the most uncertain traits and origins
of people, the possible,
before metropolitan decay...




*(Mrs. Toberri)*
She tells all and about us pours out
conflicting feelings, she princess
of this humus, bringing out our
submerged mountains and duress.

IV

*(Signora Dapizzi)*
Adesso una questione di vestaglia
e la vita si è in un nòcciolo rappresa.
Sfarfafla la neve, che le ricorda…
e via dicendo e via pensando.

*(Signor Garosi)*
Sotto stella malinconica cresciuto
ora siede in sobborgo distrutto,
ma nella pipa ha brùscoli di secolo:
potrà mai ricongiungersi a quel tutto?

*(Mrs. Dapizzi)*
Now a matter of dressing gown
and life caught in a nutshell.
The snow flutters, which reminds her...
and so on talking and so on thinking.

*(Mr. Garosi)*
Grown up under a melancholy star
he now sits in a suburb destroyed,
but in his pipe the specks of a century:
can he ever go back to that recipe?

*(Signora Nerazzi)*
«L'ora serena, la languida stagione,
vedo un passeggio su amabile fondale,
tazzine di caffè, le tante care
persone chiacchierine... Adesso ho male».


*(Alma N.)*
I cento anni somigliano ai tre,
tutto un riperdere e un ritrovare;
e palpitante dunque s'ingorga
nei golfi di casa, come un mare.

*(Mrs. Nerazzi)*
"The quiet hour, the slow atmosphere,
I see a path against a lovely background,
little cups of coffee, so many dear
chatty people... Now I feel so down."

*(Alma N.)*
The hundred years seem like three,
all a losing and a finding again;
and throbbing so she gets trapped
in the gulfs of the house, like a sea.

*(Signor Gemmòli)*
Gli allegri volti e i mesti, convogliati
in una grandissima somma: solo questo
rimescolarsi ammira e, disseccato
nume, acconsente con debole gesto.


*(Signora Zacchini)*
Ma sentiranno di che grazia fu capace,
di quante relazioni prestigiose,
che squisitezza ammirevole e
quale calore sotto la sua brace.

*(Mr. Gemmoli)*
The happy faces and the sad, moved
in a very great sum: only this
mingling he admires and, parched
deity, with a weak gesture he approves.

*(Mrs. Zacchini)*
They will hear of what grace she could bestir,
of how many prestigious relationships,
what admirable delicacy and
what heat beneath those embers.

*(Signora Valganelli)*
Così anziana, non si sa propagandare
ma per umano nostro rituale
lei—marionetta evocabile di nuovo—
sarà di scena in tante teste care.

*(Signor Bilacci)*
Detesta le nuove mondiali doglie
e solamente fissa il muro bianco:
lì presto o tardi dovranno trapelare
certe abrase amicizie, una sua moglie.

*(Mrs. Valganelli)*
So old, she doesn't know how to sell herself
but in our own human ritual
she— marionette desirable once more—
in many beloved heads will have her turn to score.

*(Mr. Bilacci)*
He detests the new worldwide slough
and just stares at the white wall:
there sooner or later certain eroded
friendships, a wife ought to poke through.

*(Signor Minari)*
Vecchio panduto senza più incombenze
col cappuccino al sole venerando
lì se ne sta nel centro di Milano.
Ecco, l'Agosto lo va battezzando.

*(Signora Torrevisi)*
Coi polmoni residui, in intaso di voce,
tra sè mugugna le sue quattro colpe:
al buio vero s'è fatta più vicina,
ma sale l'alba e sublima la cucina.

*(Mr. Minari)*
Old and paunchy without any more worries
with his cappuccino in the venerable sun
there he stays in the heart of Milan.
Now, August will begin his baptizing.

*(Mrs. Torrevisi)*
With her remaining lungs, in a clogged voice,
she mumbles to herself her four sins:
to the real dark she's drawn closer in time,
but the sun climbs and exalts her kitchen.

*(Signor Carminati)*
Alle anticaglie discende, tra erose
fotografie, sbavate pagelle:
la storia che troppo è più forte,
tutti bocciati, ridicole fiammelle.

*(Signor Colli)*
Guarda e non guarda l'altissimo soffitto
i quadri capovolti alla parete:
sopra il tappeto, in pantofole, riverso
gli manca il cielo, e lui è già perso.

*(Mr. Carminati)*
To the curio he descends, among eroded
photographs, smudged report cards:
the story that is much too harsh as,
all flunked, ridiculous little flashes.

*(Mr. Colli)*
He looks and doesn't look at the highest ceiling,
the paintings upside down on the walls:
on the carpet, in slippers, on his back
he's missing the sky, already in the sack.

*(Signor Manguni)*
Vecchio bidello, fermo in un paese
che non si vede, dentro la pianura:
brancicando il suo tavolo e la stanza,
scrive poesie, l'immobile avventura.

*(Signora Lobinati)*
In lei ridente la mente vaneggia
sopra vuote parole galleggiando,
ma nei ghirigori del riferire
quello splendore da noi imprendibile…

*(Mr. Manguni)*
Old janitor, at rest in a country
we can't see, out in some pasture:
feeling his way around his table and room,
he writes poetry, immovable adventure.

*(Mrs. Lobinati)*
In her pleasant self the mind raves
floating over empty words,
but in the scribble of the referable
that splendor invincible to us...

*(Elsa U.)*
A conserve di frutta s'industriava
con le stagioni così roteando:
esuberando trasbordava tutti
nel rimestarsi dei germi e dei frutti.

*(Signor T.G.)*
Come potente sovrano di discarica
tutta la vàlica con piagato passo
e l'occhio che un poco gli balla. Ma conquista
il torsolo intatto, la sciarpa che non strangola.

*(Elsa U.)*
She busied herself canning fruit
with the seasons whirling by like this:
overflowing she made it all a hoot
getting mixed up with germs and fruit.

*(Mr. T.G.)*
Like the mighty sovereign of the dump
he wades through it all with a stooping walk
and an eye that's a little jumpy. But he conquers
the core intact, the scarf that's not choking.

*(Signor Resnati)*
La zuppa di rape un po' somiglia a quella
lassù del campo di concentramento:
per qualche singolare convergenza
nella ciotola gli anni, trema il mento.

*(Sergente Corbetti)*
Lui con la piva della ritirata
—cose distanti di Russia—
in neve progrediva appena appena,
e là restato, semenza di avena.

*(Mr. Resnati)*
The turnip soup resembles a little that one
there from the concentration camp:
by some remarkable convergence
the years in that bowl, his chin trembles.

*(Sergeant Corbetti)*
He with the call to retreat
—long ago in Russia—
he advanced in snow barely barely
and there he remained, barley seed.

*(Zia D.)*
Selciato di guerra, suoi passi in ticchettìo
dove palpitava oscuramento.
E sopra la polenta e gli scaldini
le sue canzoni, invitto luccichìo.


*(Signor Guaterni)*
Ama il suo io, ma l'io più inabissato
che sapeva concepire le battaglie
senza dolore, un eroico fortino,
le troppo logorate minutaglie.

*(Aunt D.)*
Pavement of war, her steps clinking
where the black-out trembled.
Above the corn meal and the steamer
her songs, twinkling invitation.

*(Mr. Guaterni)*
He loves his ego, but the most sunken ego
that knew how to conceive battle
without suffering, an heroic outpost,
the much too worn-out chattel.

*(Norma C)*
Girata un poco nel senso del Sole
alla prora di un banco, era la prima
di guella classe. Il suo svolato
garbo e grembiule.

*(Signora Tosini)*
Vecchiaia e freddi e linimenti
di sopra e di sotto. Di dentro più lieve
le sue anime sfratta e si raduna
come in sottile, precisa cruna.

*(Norma C.)*
Turned a little towards the Sun
in the front row, she was the first
in that class. Her good manners
and gown flown away.

*(Mrs. Tosini)*
Old age and colds and liniments
above and below. Rather more easy within
she expels her spirits and gathers herself
as in a precise thin needle.

*(Signor Terragni)*
La guerra, la trincea, l'Isonzo, il Piave:
in storie stentate s'invischiava
perdendo il filo che mai ci fu,
ma la serata fiatava più grave.

*(Zia S.)*
Penetrando per i campi e le calure
a luoghi sacri ci conduceva,
grappoli di nipoti, zia esemplare
d'un più cruciale pellegrinare.

*(Mr. Terragni)*
The war, the trench, the Isonzo, the Piave:
in labored stories he lay trapped
losing whatever way there once was,
while the evening replayed even heavier.

*(Aunt S.)*
Penetrating the pastures and the heat
she led us to sacred places, bunches
of nephews and nieces, model aunt
for a more critical retreat.

*(Signora Moltasi)*
Dalla poltrona sventola la mano:
«Come stai bene, come sei cresciuto!
Tu sei mio figlio oppure mio nipote?».
Ma poi le basta l'uno lì venuto.

*(Signor Mongaroni)*
Con la sua testa per nuove contrade
più non distingue moglie né figlia,
i vicini di stanza, i tre nipoti,
e tutti elude, superflua famiglia.

*(Mrs. Moltasi)*
From the armchair she flaps her hand:
"How fine you look, how you've grown!
You are my son maybe my grandson?"
It was enough that someone had shown.

*Mr. Mongaroni)*
With his head in new neighborhoods
he no longer knows wife or daughters,
those in the nearby room, three grandchildren,
he ducks everyone, and family matters.

*(Signor Relondi)*
Vuole capire questo metamorfosare,
s'intestardisce sui giornali e la politica
e beve la tivù, meditabondo,
per dileguarsi almeno gravido del mondo.


*(Signor Gariddi)*
Il corpo stenta e di poco si sposta
ma serenamente lui vorrebbe solo
terra mangiare e i suoi piccoli accidenti:
così per affiatarsi, familiarizzare.

*(Mr. Relondi)*
He wants to understand this metamorphosis,
he's stubborn about newspapers and politics
and guzzles the tv, meditative,
to vanish somewhat active in the world.

*(Mr. Gariddi)*
His body bad off he doesn't get around
but he quietly would just wish for
earth eating and his little accidents:
in this way to get ready, familiar.

*(Signora Farinelli)*
Con la sua schiena che sempre fatica
avvia discorso, persona gentile,
e le ripete: «Tu sei la mia
un po' bisbetica, umile amica».

*(Signor Branzi)*
Piegato da malanno, là si sforza,
solleva di poco quel grave sacchetto:
sconforme alpino su per le cime
raggiungerà la vetta, il cassonetto?

*(Mrs. Farinella)*
With her back always an effort to bend
she opens the subject, polite person,
and repeats to her: "You are my
somewhat shrewish, humble friend."

*(Mr. Branzi)*
Hunched over sick, with all his might,
he lifts a bit that weighty little bag:
unlikely alpine soldier up on the heights
will he reach the top, the garbage can?

*(Signora Bascheni)*
Da un luogo di montagna ci saluta,
coltiva fiori di vita breve,
nutre conigli, parla coi cespugli:
ora è ritratta in contorno più lieve.

*(Signor Dantelli)*
Eutanasia: non conosce la parola
ma fa la cosa, chiedendo scusa;
e come puntino discreto, se dio vuole,
lui con gli innumerevoli si arruola,

*(Mrs. Bascheni)*
From a place in the mountains she waves,
she grows flowers with a short life,
keeps rabbits, talks with the plants:
now portrayed in surroundings less rife.

*(Mr. Dantelli)*
Euthanasia: he doesn't know the term
but does the thing, begging pardon;
and like an unobtrusive dot, god willing,
he with the numberless is confirmed.

*(Signora Trocchi)*
Si brucia comunque, costipati nell'inutile.
Ma contro il maligno lei prodigandosi
labile s'orienta fra qualche cataplasma:
sussurra—a parte—che ci sarà miracolo.

*(Signor Delfinari)*
Partita a scopa a lumeggiare il tempo
che retrocede a cavernoso: lui
guadagna il settebello e la primiera,
degli emblemi un'ossuta primavera.

*(Mrs. Trocchi)*
She burns anyway, constipated in the ineffectual.
But against the malign she lavishly
finds her feeble place among some poultices:
she sighs—apart—that there will be a miracle.


*(Mr. Delfinari)*
A hand of rummy to light up the time
that runs to the cavernous: he
sticks them with kings and knocks with three,
from all signs a raw-boned spring.

*(Don Angelo)*
Il suo pane ed acqua
a quasi niente servito
(forse neanche in alto cielo) e il suo
corpo frustrato, disparito.

*(Signor Longhi)*
Calmo dal terrazzo scruta i supplizi
che martoriano la notte di città;
e le felicità delgi scampati,
l'ingarbugliarsi dei cai e dei tizi.

*(Fr. Angelo)*
His bread and water
almost of no use at all
(maybe not even in high heaven) and his
body frustrated, forestalled.

*(Mr. Longhi)*
From his terrace he calmly watches the agonies
that torment the city by night;
and the happiness of the survivors,
tangled up with all those Dicks and the Harrys.

*(Signor Calolzi)*
Nonno indigente che amava il canto
compostamente s'innalzava alla *Traviata*:
in oscuro cantone di teatro
lo slavato gilè, la lacrima educata.

*(Ginevra P.)*
Le manovre contate del salvarsi:
siede in poltrona ed intreccia le dita,
poi s'accomiata con l'orecchio, destro
e per isola di musica è partita.

*(Mr. Calolzi)*
Indigent grandfather who loved opera
dignified he would rise for Traviata:
in a hidden corner of the theater
the faded waistcoat, the polite tear.

*(Ginevra P.)*
The reliable maneuvers of salvation:
she sits in the armchair twining her fingers,
then takes her leave with her right ear
and on an island of music she'll be clear.

*(Signora Giardini)*
Si corica presto e spera nei sogni
(quella broda segreta che la sana),
nel prodigioso confabulare
di zucche e gatti, angeli e zanzare.




*(Signor Enrichelli)*
Ospizio degradato e dato al sonno
sotto più fruste coperte,
specchio ridotto di questa Italia.
Lui resta sveglio, sistemerà l'ortaglia.

*(Mrs. Giardini)*
She goes to bed early and hopes in dreams
(that secret watery soup that heals her),
in the prodigious confabulations
of cats and pumpkins, angels and carnations.

*(Mr. Enrichelli)*
Degraded hospice and given to sleep
under more threadbare blankets,
a small mirror of this Italy.
He stays awake, he'll sweep the garden.

*(Signor Tassini)*
Pedone scarso, compirà i previsti
tre movimenti dentro la scacchiera.
Ma intanto un'ultima folle cosa:
calpesta l'aiuola, divora una rosa.

*(Signora Cotinovi)*
Un po' ricurva, sopra il millennio
il viso affaccia dubitando, ma
alla sua discendenza intorno intorno
chioccia a suo modo dice buongiorno.

*(Mr. Tassini)*
Poor pawn, he'll make the three
expected moves on the board.
But meanwhile a final crazy thing:
he steps on the flowers, devours a daisy.

*(Mrs. Cotinovi)*
A little bent over, above the millennium
her features face out doubting, but
to her offspring all around all around
mother hen in her way says good morning.

V

*(bambina O.)*
Cerenèntola, bobi e loplano,
tapatine, momòbile e lelese:
una parola per ogni cosa?
È lo scompiglio un diverso paese?

*(bambina M.)*
Pizzica una foglia, escogita la casa,
dondola il vuoto come una culla,
finge tramortimento e
certo si sbaglia, popola il nulla.

*(little girl 0.)*
Cidnerella, dudies and roplane,
tapatoes, momobiles and Giglish:
a word for everything?
Is disorder a different domain?

*(little girl M.)*
She pinches a leaf, excogitates the house,
she rocks emptiness like a cradle,
she pretends to faint and
certainly misses, with nothingness she fiddles.

*(bambina D.)*
Lei—maltrattata—malmena il bambolotto,
con tutta la forza gli strappa i capelli.
Pare che questa sia la trafila:
al sacrificio sempre nuovi agnelli.

*(bambino B.A.)*
Predilige l'orsacchiotto più consunto:
di qualche colpa si lava la piaga,
è già un po' padre, si vuole più forte
o più compagno lo sente dove è morte?

*(little girl D.)*
She—mistreated—manhandles the doll,
with all her might tears out the hair.
It seems that this is the drill:
always new lambs for the sacrifice.

*(little boy B.A.)*
He prefers the shabbiest teddy bear:
washing away the guilt from some wound,
already somewhat father, wishing himself stronger
or more companion does he feel death linger?

*(bambina R.0.)*
In spasimato angolo
la misteriosità del suo capriccio:
chiama attenzione o preannuncia ai vivi
l'inconsolabile destinazione?

*(bambina S.T)*
Calma nel letto, lei e la rosolià,
albi e matite alla portata: gira
—come primario focolare—
il suo breve pianeta in autarchia.

*(little girl R.O.)*
In an agonized corner
the mysteriousness of her tantrum:
calls attention to or forewarns the living
of the inconsolable destination?

*(little girl S.T.)*
Peaceful in bed, she and her measles,
albums and pencils within reach: brief
—like the primary hearth—
turns her planet in self-pleasing.

*(bambino R. G.)*
Le tasche rigonfie di mentini per un dono
ai compagni d'asilo, scarso contrabbandiere:
gli si rimprovera il furto casalingo, ma
era solamente, era generosità.

*(bambino I.)*
Gli piace la parola «crudelissimo»,
la ripete tra sè scalciando il muro:
così in partìcola lievita la guerra
e già ferito il suo piccolo futuro.

*(little boy R.G.)*
Pockets stuffed with mints a gift
for his kindergarten chums, poor smuggler:
he scolds himself for the household theft,
but it was only, it was generosity.

*(little boy I.)*
He likes the word "cruellest,"
repeats it to himself kicking the wall:
so in a small way the war rises
his small future already suppressed.

*(bambina L.)*
La domenica si compra il giornalino
e poi da sola traversa un continente
fatto con la terra aspettativa,
tenendo acceso quel fievole cerino.


*(bambina G.)*
Nel disperarsi la piccola farfuglia
e piange a qualche suo distratto dio
che allunghi una salvifica moina,
ma poi riemerge fiera: «Sono Giulia!».

*(little girl L.)*
Sundays she buys a comic book
and then by herself crosses a continent
made of a hopeful patch of earth,
keeping lit that feeble match.




*(little girl G.)*
Giving up the little one mumbles
and cries to some distracted god of hers
to extend some saving caress,
but then reemerges proud: "I'm Giulia!"

*(bambino A.A.)*
Fracassato il tamburo e tralasciata
l'insufficiente trombetta, con le grida
contro quel qualunque chissà chi
dichiarerià più forte la sua sfida.

*(bambina U.T.)*
Nell'asilo già severe gerarchie,
il capo, l'aiutante, l'avversario,
la ricerca, la prova, la vendetta.
E lei combatte, mulina una paletta.

*(little boy A.A.)*
The drum smashed and the inadequate
horn neglected, with those shouts
against that whatever who knows
will declare louder his doubts.

*(little girl U.T.)*
Already in kindergarten strict hierarchy,
the chief, the adjutant, the enemy,
the quest, the raid, the vengeance.
And she battles, twirls her little spade.

*(bambina D.N.)*
I giri astuti di parole, i nebulosi
voleri dei grandi, e questa invece
sua età dei no: minuta rocca,
lei sotto assedio rimane senza bocca.

*(bambino F.M.)*
Qui fermenta tra i coriandoli e gli spruzzi
creatura che incarna il cosiddetto mondo
del pressappoco; là le adulte zone
dell' universo della precisione.

*(little girl D.N.)*
The subtle turn of words, the nebulous
choices of grownups, and she instead
at that age of no: minute fortress,
she under siege remains without a voice.

*(little boy F.M.)*
Here he ferments among the confetti and sprays
creature that embodies the so-called world
of the very nearly; there the adult run
of the universe of precision.

*(bambino U.)*
Dove superni si drizzano i nemici
avanti avanti, senza mai paura,
casca bocconi ma sfodera la spada:
vita finirà, ma che passi la radura.

*(bambino S.E.)*
Sopra il prato in bailamme circoscritto
naufragando si sbuccia le ginocchia
ma il tuffo sulla palla è il più felino
e l'epos pòndera l'esiguo paladino.

*(little boy U.)*
Where supernal the enemy stands up
forward forward, ever without fear,
falls face down but draws his sword:
life's over, but he's made it into the clear.

*(little boy S.E.)*
Above the field surrounded by din
foundering he skins his knee
but his leap onto the ball is most feline
and so muses on the epic the meager paladin.

*(bambino T)*
Le figurine sul tavolo a raccolta,
la prima immensa enciclopedia
che mai finisca, che
lui—da magnanimo—ne ha signoria.

*(bambino S.)*
Rifare in piccolo tutta la città
e controllare gli omini nel passeggio
come capo che ha la sovranità:
onnipotenza di paglia, finirà.

*(little boy T.)*
Figurines on the table in his collection,
the first immense encyclopedia
that never ends, over which
he—magnanimously—has dominion.


*(little boy S.)*
To redo in miniature the whole city
and control the people on the promenade
like a chief with all his sovereignty:
straw almightiness, flitting.

*(bambino O.P.)*
In carrozzina contenuto, varca
il marciapiede, impresa che ignora;
vede solamente le nubi, certe foglie,
innominabili ancora, solo voglie.

*(bambino R.C.)*
Tra questa bava e quel pericolante
bicchiere si staglia il suo teatrino
con lo sbrodolarsi: largo al semolino!
E ancora un sì per essere più grande.

*(little boy O.P.)*
Held within his carriage, he crosses
the sidewalk, undertaking he ignores;
he sees only the clouds, certain trees,
yet unnameable, just there to please.

*(little boy R.C.)*
Between this dribble and that teetering
glass is outlined his little theater
of spilling: watch out for the oatmeal!
And still another to get bigger.

*(bambino N.L.)*
È tutto interessato al topo morto,
ai suoi denti a sproposito ridenti: dunque
succede che sbàndino i suoi
poveri saperi domandanti.

*(bambina O.L.)*
Bene in allerta rimane, e comunque
dei genitori separati non domanda.
Pensa oramai che questa è la vita:
ha i suoi dispersi qualunque banda.

*(little boy N.L.)*
He's all interested in the dead rat,
in the teeth excessively grinning: thus
it happens that his poor curious
learning begins to scatter.




*(little girl O.L.)*
She stays well alert, and anyway
doesn't ask about her estranged parents.
She thinks by now that this is life:
whatever gang has somebody absent.

*(bambina L.U.)*
Primo giorno di scuola, la lavagna,
il quaderno pulito, un esercizio,
l'unghia contro riga, e lei
altro vivente vocato ad altro inizio.

*(bambino S.N.)*
Dunque l'evolvere alla lotta e ormai
i sacramenti dei consigli non
più ascoltando, si distacca: è l'ora
dell'appartenere a nuova frotta.

*(little girl L.U.)*
First day of school, the blackboard,
the fresh notebook, an exercise,
fingernail on the line, and she
another person called to another enterprise.

*(little boy S.N.)*
Thus evolving to struggle and by now
no longer paying attention to the
rites of wisdom, he breaks away: it's time
to belong to a new flock.

GREEN INTEGER
Pataphysics and Pedantry

Edited by Per Bregne
Douglas Messerli, *Publisher*

Essays, Manifestos, Statements, Speeches, Maxims,
Epistles, Diaristic Notes, Narratives, Natural Histories,
Poems, Plays, Performances, Ramblings, Revelations
and all such ephemera as may appear necessary
to bring society into a slight tremolo of confusion
and fright at least.

*

Green Integer Books

Green Integer EL-E-PHANT Books (6 x 9 format)